Adalbert Bezzenberger

Litauische und Lettische Drucke des 16. und 17. Jahrhunderts

Der litauische Katechismus vom Jahre 1547

Adalbert Bezzenberger

Litauische und Lettische Drucke des 16. und 17. Jahrhunderts
Der litauische Katechismus vom Jahre 1547

ISBN/EAN: 9783743697829

Hergestellt in Europa, USA, Kanada, Australien, Japan

Cover: Foto ©ninafisch / pixelio.de

Weitere Bücher finden Sie auf **www.hansebooks.com**

itauische und Lettische Drucke

des 16. Jahrhunderts

herausgegeben

von

Adalbert Bezzenberger.

I. Der litauische Katechismus vom Jahro 1547.

Göttingen,

Robert Peppmüller.

.1 8 7 4.

Meinem lieben Vater

dem Regierungs- und Schulrath, Professor, Dr. phil.

H. E. Bezzenberger

in Merseburg

zum

sechzigsten Geburtstag.

Vorwort.

Mit einer neuen Ausgabe der Ueberreste der altpreussischen Sprache beschäftigt, vermisste ich oft die ältesten litauischen und lettischen Katechismen, da sich ohne sie häufig nicht erkennen lässt, welches Wort oder welche Wendung in einzelnen Fällen die Verfasser der altpreussischen Versionen des Katechismus hätten wählen müssen, um dem Geiste der altpreussischen Sprache gemäss und ohne ihr Zwang anzutun zu übersetzen. Ich nahm von ihnen in Königsberg Abschriften, und indem ich mich überzeugte, dass manche der alten litauischen und lettischen Werke einen neuen Abdruck verdienen, fasste ich den Entschluss, dieselben zu sammeln und von neuem herauszugeben. Der Zweck dieses Unternehmens, dessen erstes Heft[1]) ich hiermit der Oeffentlichkeit übergebe, ist, der litauischen und lettischen Sprachforschung neues und zuverlässiges Material zuzuführen und eine historische Erforschung dieser Sprachen zu ermöglichen. Für diesen Zweck sind genaue und — was die Schreibung der einzelnen Wörter betrifft — diplomatisch getreue Abdrücke der Texte mit allen ihren Fehlern erforderlich. In einem solchen Abdruck erscheint hier der älteste litauische Druck, und nur in wenigen Punkten habe ich die Autorität des Originals ausser Acht gelassen, was einer kurzen Rechtferti-

---

1) Das zweite Heft, welches noch in diesem Jahre erscheinen wird, soll enthalten: die forma Chrikstima vom Jahre 1559 und den fast gänzlich unbekannten lettischen „vndeudschen katechismus" von 1586. Ausserdem denke ich zu veröffentlichen: Euangelias bei epistolas per B. Willenta, 1579; vndeudsche psalmen, 1587; Evangelia und Episteln (lettisch), 1587.

gung bedarf. — Der Originaldruck ist in deutscher, s. g.
Schwabacher Schrift ausgeführt (vgl. Schleicher, Sitzungs-
berichte der Wiener Academie XI, 87); eine Wiedergabe des-
selben in deutschen Typen stösst typographisch auf grosse
Schwierigkeiten, und so habe ich aus diesem, und aus anderen, naheliegenden Gründen bei dieser neuen Ausgabe die
lateinische Schrift angewandt. Eine Consequenz dieses Schrittes
war die Beseitigung der, übrigens nicht consequent gebrauch-
ten grossen Anfangsbuchstaben der Substantiva und der ſ
und ß des Originaldruckes; auch diess wird man nicht tadeln,
wenn ich versichere, dass ſ und ß lediglich in der in deutschen Drucken üblichen Weise verwant sind und verschiedene
s-Laute nicht bezeichnen. Ferner bin ich, um Raum zu
sparen, von der Zeileneinteilung des Originals in den prosaischen Teilen des Katechismus abgewichen; in den poetischen
Teilen habe ich sie streng durchgeführt ¹), selbst da, wo
Zeilen- und Versteilung nicht übereinstimmt, denn hier er-
schien mir jede Aenderung ungerechtfertigt. Ausserdem
musste die Interpunktion ²) vielfach geändert werden, und
endlich habe ich die den Anfangsstrophen der giesmes schwentas ³) beigefügten Noten fortgelassen. Wo diess geschehen
ist, erkennt man leicht aus der geringen Anzahl der unter
den durchgeführten Seitenzahlen stehenden Zeilen. Zur Er-

1) Natürlich abgesehen von Fällen, in denen der 1. und 3., der 2.
und 4. Vers unter derselben Notenreihe stehen.

2) Die Kommata sind im Original entweder durch unser, jetzt üb-
liches Zeichen, oder durch schräge, von rechts nach links gerichtete
Striche von der Höhe der Buchstaben bezeichnet. Diese finden sich
vorwiegend — indessen nicht ausschliesslich — in den giesmes. Wenn
es hier mehrfach scheint, als seien diese Striche zur Versteilung verwant, so spricht dagegen ihr vereinzeltes Vorkommen in den prosaischen
Teilen und vor allem die Verwendung derselben in anderen Weinreich-
schen Drucken.

3) Befremden mag die Ueberschrift patrem 68. Sie scheint — aus
dem latein. stammend — allgemein üblich gewesen zu sein. Ein nie-
derdeutsches Gesangbuch von 1588, das ich zur Hand habe, fügt dem
Titel Van dem geloven hinzu: „Dat düdesche patrem, D. M. L.“ —
Ganz unverständlich sind mir die, jedenfalls verdorbenen Worte „O anno
pany sslachctna spokolenia“ 19, 8. Ich habe trotz allen suchens keinen
mit ähnlichen Worten beginnenden poln. Hymnus finden können.

leichterung des Citierens ist am Rande Zeilenzählung durchgeführt, die sich im Original nicht findet.

Der Verfasser unseres Katechismus ¹) ist Mosvidius,, wie aus Willents Vorrede zu seiner litauischen Uebersetzung der Evangelien und Episteln (Königsberg 1579) hervorgeht, in der er sagt: „Inter multa . . . . principis Alberti studia et monimenta hoc non postremum, quod linguam illam Lituanicam antea nullis literarum monumentis claram vel comprehensam primus scribi, doceri et typis expressam divulgari in sua ditione jussit. Eam ad rem usus opera cuiusdam, quem suis sumptibus in bonarum artium studiis hic enutriri curavit, fratis patruelis mei Martini Mosvidii pastoris ecclesiae Ragnetensis piae memoriae. Is enim rationem scribendi linguam patriam primus ostendit et elementa quaedam catechetica discentium studiis necessaria, cantilenas quoque sacras typis edidit.“ — Genaueres berichtet Ostermeyer, Erste littauische Liedergeschichte, Königsberg 1793: „Martin Mosvidius war ein National-Littauer. Sein Vater hiess mit dem Geschlechtsnamen Mażwyds d. i. kurzsichtig. Diesen Namen verwandelte der gelehrte Sohn hernash in Mosvidius. . . . . Der junge Mażwyds war einer von den Stipendiaten, die der Herzog Albrecht auf seine Kosten studiren liess . . . . Er wurde 1548 den 5. April auf der neuangelegten Universität Philosophiae Baccalaureus. Es war diess die erste Promotion in der philosophischen Facultät, bei welcher 8 Candidaten den genannten Gradum erhielten, unter denen unserm jungen Littauer die 6. Stelle gegeben wurde. Das Jahr darauf ernannte ihn der Markgraf zum Pfarrherrn und Archidiacono in Ragnit. Diesem Amte stand er 14 Jahre mit aller Treue vor, und starb 1562“ ²). — Wenn Willent dem Mosvidius zuschreibt, dass er rationem scribendi linguam patriam primus ostendit, so ist nicht zu übersehen, dass schon vor Mosvidius Rapa-

---

1) Der Originaldruck hat sich nur in einem Exemplar erhalten, das sich auf der Königlichen Bibliothek zu Königsberg unter Ce 495 findet. Er ist oft recht schwer zu lesen, da der Druck vielfach verletzt ist; sein Format ist Klein-Octav von 15½ ctm. Höhe und 10 ctm. Breite.

2) Vgl. Rhesa, Gesch. der litthauischen Bibel, Königsb. 1816, S. 5

gelau (ein Grosslitauer, gestorben 1545) geistliche Lieder in das Litauische übersetzt hat, vgl. Ostermeyer S. 15, Rhesa S. 4. In der Schreibung der Wörter und der Bezeichnung der Laute ist Mosvidius sehr inconsequent gewesen, und so erscheint es zweckmässig, den Leser mit einigen Bemerkungen in die Sprache und Schreibweise des Kutechismus einzuführen [1]):

1) a steht überaus häufig an Stelle des heutigen o, das indessen auch erscheint, vgl. iug 13. 13 neben iog 5. 7, ßodzia 15. 9 neben ßadci 13. 30. Die Verwandlung von a zu e nach palatalen Consonanten ist mehrfach unterlassen.

2) E, i und ë werden durch e [2]) bezeichnet: esti 12. 27, del 13. 15, temus 13. 7. Für e erscheint häufig ie: schijrdies 17. 10, tiewu 17. 6, gielbek 12. 23, gyer 13. 32. E wird zuweilen zu i: cziestis 15. 17, materis 14. 24, maczys 15. 24, und so häufig im loc. sg. der a-Stämme. E steht für a: dewe 6. 24, ißdewe 16. 14.

3) J, y und ij [3]) stehen promiscue, vgl. buti 5. 10 neben ßinaty 5. 8, tikiu 11. 17 neben tyk 18. 18, ig 6. 24 neben ijgi 14. 21. Für i steht auch j z. B. jr 14. 3. I steht für ę in sawy 35. 5 = sawi 16. 20, tawy 27. 26 u. s. w. Y= ii in prymkiet 7. 18.

4) U wird zuweilen durch v bezeichnet z. B. in vredas 16. 8. Auslautendes u ist einigemal aus ą entstanden, z. B. in surynkimu 12. 4.

5) Das ę ist bezeichnet durch durchstrichenes e; ç steht zuweilen fehlerhaft z. B. tçisibe 17. 17. — Das ą ist durch einen, mit einer kleinen Krümmung von rechts nach links durch den unteren Teil des rechten Balkens gezogenen Strich bezeichnet; die Form des Buchstabens ist bei der Unreinheit

---

1) Ich gebe meistens nur einige Formen zum Belege; selbstverständlich lege ich Schleichers Orthographie im folgenden zu Grunde.

2) Zuweilen steht e, wo jetzt i steht, z. B. naktcie 13. 21, kraugeie 13. 27 (kraujyje kommt heute nicht vor). Diese e sind meines erachtens nicht fehlerhaft.

3) Bekanntlich wird in anderen Drucken y durch ij bezeichnet. Da hier indessen beide Zeichen erscheinen, so müssen sie auch zur Anschauung kommen.

des Druckes häufig einem unterpunktierten æ ähnlich. —
Neben dem Nasalvocal steht zuweilen noch der Nasal: dąngaus 11. 30 neben dągu 5. 23, rąka 26. 6 neben rąnka 25.
31; schwęntassis 10. 11 neben schwęskiese 12. 16. Daneben
steht zuweilen nur der Nasal: schwenta 6. 1. Häufig ist die
nasalierte Aussprache gar nicht bezeichnet: manes 5. 4 neben
sawęs 5. 3, tą maksla 6. 2 u. s. w. — Ein ų und į kommt
nicht vor; entweder wird un, in, oder nur u, i geschrieben:
ig 11. 28, igi 14. 32, ijgi 14. 21 neben ingi 12. 22, ing 5.
30; sukibesu 22. 17 neben sunkima 27. 4 u. drgl. m.

6) Für û erscheint o: visosu daiktosu 4. 33; u: vargusu
ir silwa(r)tusu 32. 8; a: naglas 25. 8, ijsźaki 10. 29 (wenn
ich diess richtig als iszjûki erklärt habe).

7) Das von Mosvidius in seine Tabelle der Diphthongen
aufgenommene æ erscheint nur zweimal: præteliskas 14. 24
und sæd 11. 30; an letzter Stelle ist der Buchstabe im
Druck verletzt.

8) Einigemale sind Längezeichen (ˉ) angewandt: pīnā
12. 13, 18. 28, anās 17. 2, rāginki 18. 6, pā 15. 20, kūrie
17. 24, schaūkiencziusius 22. 3. Ueber e kommen sie nicht
vor; einigemal stehen sie über i: wīrai 18. 1, kariaugīma
25. 3, kureī 25. 35. Bei der grossen Unreinheit des Originaldruckes ist es an manchen Stellen nicht möglich, zu ent-
scheiden, ob das über dem i-Strich stehende Zeichen ein
Strich oder Punkt ist. Ich habe das Längezeichen über dem
i nur da angewandt, wo ein deutlicher Strich vorliegt. —
Langes i ist durch ii bezeichnet in praschiikiet 6. 29, û durch
uu in suunaus 12. 31.

9) Hinsichtlich der Diphthongen ist zu beachten: kragis
10. 11 statt kraugis und papekti 31. 20 statt papeikti; nea-
plestumbi 36. 9 für neapleistumbi. Umgekehrt steht teiktai
16. 6 statt tektai.

10) Für k steht c in ractus 14. 13, nactes 35. 19.

11) T ist gegen die Regel mehrfach nicht in cz verwan-
delt: tretes 11. 21, neturinte 16. 16.

12) Cz wird meist durch czi ausgedrückt: kleidenczias
6. 3, treczia 12. 12. Daneben erscheint cz: treczas 10. 21,
isczas 23. 8, und cź: cźistas 14. 23. Ferner steht z = cz:

deganzias 14. 5; szcz ist in krikβianistes 25. 22 nur durch β bezeichnet, vgl. kunigaikβui 26. 13; das heut gebräuchliche traice und mace erscheint als macze und traicze.

13) Für dź erscheint neben dem häufigeren dzi blosses dz: didzuiu 34. 4, gieidza 14. 22; vgl. noch pawydźia 17. 21. 14) J wird durch j, i, g oder gh bezeichnet: ja 33. 35, ia 26. 17, gims 13. 25, nareia 4. 20, schwentąge 12. 2, sutwertagi 32. 2 ¹), ghyssai 28. 11. Anlautendes j fehlt in issai 16. 33, eschkati 31. 18 (diess die ältere Form für jёszkóti). — In pri-gim 14. 7, prigims 15. 28 ist g = j eingeschoben (vgl. Schleicher, Gram. s. 65). In naktie 35. 23 hat i den Wert ij. — Auslautendes je ist oft völlig, oft von ihm nur e eingebüsst. — I und J ist im Original durchaus durch J bezeichnet. Wo ich der Gleichmässigkeit halber die Majuskel durch die Minuskel ersetzt habe, habe ich, je nach dem Worte das J, i oder j gewählt.

15) Einigemal ist das l nach polnischer Weise durchstrichen. Bei den vielfachen Inconsequenzen des Originaldruckes kann es nicht befremden, dass diese ł sich nur auf den ersten Seiten des Textes finden.

16) V wird durch v, w’, u bezeichnet: Visas welnuwas 5. 18, knuiencziosius 27. 18.

17) S wird vertreten durch s; in eβi 24. 17, 35. 14, atleiβdamij 17. 19 ist es durch β, in zmertelnas 33. 13, Jezu 21. 6 durch z bezeichnet.

18) Sz wird bezeichnet durch sch: schalin 5. 13, schitu 11. 10, isch 13. 26; durch ss: prassiti 19. 23, gressnasis 21. 23, dussas 29. 30; durch β — .deutsches ß —: trakβdawa 4. 18, iβ 31. 22; durch sz: szalais 23. 36; durch s: wespatis 6. 25, neusβmirsti 27. 25, kriksczianiu 11. 14; durch ssch: graiksschtynase 17. 2.

19) Während z = z ist (veizdekiet 4. 24, zatagamis 6. 13), erscheint für ż: ź — im Original accentuiertes z — in źadziu 7. 11, maźu 7. 14, źiwata 12. 11; sz: szemepatis 5. 17, szadis 12. 31; sź: kasźna 15. 23, prisźęks 34. 20; β: pa-

---

1) Beiläufig erinnere ich, dass dieses Suffix im nom. sg. zu tas verkürzt erscheint in ischgielhetas 34. 10, apgintas 28. 13, vgl. wes 29. 4, kraus 25. 36.

ßysyt 4. 34 u. öfters; sch: vschßęgic 11. 30, pasluschnus 14.
28; sß: neusßmirsti 27. 25; z: bazniczias 12. 25, zadeis 12.
33, trezwas 14. 24, 18. 1 (15. 4: treźwas), zitka (ziska) 14. 26.
20) H findet sich im Anlaut: hukiusu 6. 32, hukiniku
9. 34; ferner hinter anderen Consonanten: rheda 14. 27,
Aithwars 5. 29, thewai 17. 9, athilsis 35. 24, ghadnas 15.
19, 31. 14.
21) X steht für ks: maxlu 7. 5, auxa 16. 32, vgl. daukxsink 21. 28.
22) Die weiche Aussprache der Consonanten ist, wie üblich, durch i bezeichnet.
23) Media wird vor tenius häufig zur tenuis: dziauksmu
15. 15, dauksin 29. �; 10, vßslekta 34. 31, dirpk 19. 17.
skielpsi 35. 10.
 24) Verdopplung findet sich mehrfach, besonders bei s,
ohne etymologischen Grund: essmi 11. 8, darissi 15. 31,
kurssai 14. 22, sennu 18. 1, inggi(-tikies) 12. 34. Dagegen
vergl. waky 10. 31 für wagky.

Diess mag genügen, um in die Lectüre des Katechismus
einzuführen; zur Erleichterung derselben habe ich die offen-
baren Druckfehler des Originals in den Anmerkungen ver-
bessert. Wo ich scheinbar unrichtige Formen nicht gebessert
habe [1]), glaube ich dieselben rechtfertigen zu können. Meine
Auffassung derselben wird ein das ganze Werk abschliessender
Index enthalten. — Wenn in dem Original Präfixe und Negation
von dem Verbum getrennt, oder Partikeln vereinigt erscheinen
u. dergl., so habe ich es unterlassen, die Verbindung herzu-
stellen oder aufzulösen, da sie möglicherweise in der älteren
Sprache nicht so eng oder enger war, als in der modernen.
In dem vorliegenden Werke finden sich viele Wörter, die
in den litauischen Wörterbüchern entweder überhaupt, oder
wenigstens in ihrer speciellen Bedeutung fehlen. Viele derselben, wie das interessante liekas, wie nent (vgl. nen-g und
ben-t) u. a., wird der Leser aus dem Zusammenhange heraus
unschwer verstehen; andere, meist polnische Lehnwörter, die

---

1) Im Druck ist leider eine Anmerkung ausgefallen, die ich hier
nachtrage: S. 4 Z. 22 steht nakada fehlerhaft für nekada.

nicht ganz leicht verständlich sind, mögen hier eine kurze
Besprechung finden:

abawem 15. 31, 16. 2 ist polnisch abowiem [1]) denn.

afferas 31. 21, von affera Opfer (heut: apëra).

anialai 29. 14, voc. pl. von anialas = poln. anyoł, Engel.

bendu 6. 8, gen. pl. von bendas, nützlich = preuss. bendas,
bandas in enbænden, enbāndan (vergeblich) unnützlich.
Vgl. noch lett. bandas u. a. Sporteln, Nebenverdienst,
lit. bandà Profit, Vermögen, got. bóta Nutzen.

bursima 16. 30, acc. sg. von bursimas Wandel (die lit. Bibel-
übersetzung von 18C9 hat an der entsprechenden Stelle:
matydami júsú czystą pasíelginią báiměj). Für burzdi-
mas? vgl. burzděti u. a. tätig sein.

dachadu 22. 23, gen. pl. von dachadas, poln. dochod Ein-
künfte, Gewinn.

druktibe 23. 31, 33. 21, ist das heutige drutýbc Stärke,
Festigkeit; vgl. preuss. drūktai fest.

duchu 31. 5, instr. von duchas, poln. duch Geist, Sinn.

graiksschtynaso 17. 2, perf. med. von graiksztinti schmücken,
vgl. graiksztumas Geschmeide, Kleinod.

iautety 35. 31 = jautėti wachen, vgl. justi fühlen. (Vgl.
Szyrwid: czuię, vigilo, excubo, girdžiu, nemiegmi, jutu,
jaućiu).

ingistagimas 18. 25 = įstojimas Fürbitte, eigentlich das für
jmd. eintreten, vgl. užstojimas Vertretung, Fürbitte.

ipatine 34. 16 (ipatineie 13. 14) Eigenschaft; abgeleitet von
ypatus.

ischwadu 11. 7, gen. pl. von ischwadas Auszug (ischwadu
knigasu: im II. Buch Mosis), von isz-vesti hinausführen.

kierschtauięsis 11. 9, part. praes. von kierschtauti zürnen, vgl.
kèrsztas Zorn, Grimm [2]).

lakamstwas 14. 26, gen. sg. von lakamstwa, poln. łakomstwo
avaritia.

---

1) Ich citiere die polnischen Wörter nach dem alten Szyrwid'schen
dictionarinm trium linguarum, Wilnae 1677.

2) Hierher gehört auch an. herstr barsch, herstat wild, böse werden, das ich Kuhns Za. XXII. 479 weniger richtig zu ksl. črūstū, lat.
crassus gestellt habe.

nepoczius 18. 14, acc. pl. von nepotis Enkel, vgl. Fortunatow,
Beitr. VIII. 111.

nota 19. 7 (notas 19. 25) Melodie; vgl. poln. nota pieśńi bu-
das giesmes, Szyrwid.

patwaraianczias 15. 4, von patwarati verleumden, aus dem
polnischen: potwarz contumelia, calumnia, crimen falsum;
potwarca calumniator, insimulator.

praschalimu 14. 31, gen. pl. von praschalimas draussen
seiend, abgeleitet von szalis Seite.

razgreschima 14. 12, acc. pl. sg. von razgreschimas Absolu-
tion, aus poln. rozgrzeszam absolvo a peccatis.

samniene 15. 1 (sumnienes 16. 2, 16. 10) Gewissen, poln.
sumnienie conscientia.

syllaabisaturas 9. 29 ist mir unklar; möglicherweise ist das
Wort von lat. syllabizare abgeleitet [1]).

spakailiwa 16. 35, fem. zu spakailiwas still. Das Wort scheint
entstellt zu sein, s. poln. spokoyny tranquillus.

straipstis 11. 16, 21 u. s. w. Glied. Vgl. preuss. streipstas
Glied.

sukingas 26. 31, schwanger (von sunkus schwer, beschwert).

sweczkiegi 15. 22, nom. pl. von sweczkas weltlich.

swetastis 10. 10 und öfters: Sacrament (= swętastas, von
dem aus dem slav. entlehnten sveta- = lit. szventa- abgeleitet?).

treźwas 15. 4, trezwas 14. 24, 18. 11 (trezwy 18. 1) = ksl.
trězvŭ nüchtern.

trimstat in nenositrimstat 17. 5, II pl. praes. von trimstu er-
zittern, fürchten, vgl. trimti fürchten.

upaminaiu 18. 28, von upaminati; aus dem poln.: upominam
admoneo (debitorem).

waiscziu 25. 24, 26. 21, 31, 27. 22; waiscziau 28. 3, vaisczaus
35. 13, von vaisczus Frucht, Kind. Vgl. vaisa Frucht-
barkeit.

ved 22. 29, 23. 7, 25. 12, 30. 15, 31. 24 ist mir etymologisch

---

1) Die Stelle, an welcher syllaabisaturas erscheint, scheint überhaupt verdorben zu sein; die Unklarheit dieses Wortes hielt mich von
einer Aenderung derselben ab.

zweifelhaft. An allen angeführten Stellen übersetzt es: siehe, denn.

zbradnius 14. 25, zänkisch, aus dem poln.: zbrodzień schändlich.

zatagamis 6. 13 ist mir zweifelhaft. Jedenfalls steckt darin das von Nesselmann angeführte zotag bald, geschwinde. Wo ich mir unklar geblieben bin, und wo ich überhaupt gefehlt habe, bitte ich um gelegentliche, gütige Berichtigungen mit der bescheidenen Bitte unseres Mosvidius:

Tadriu, iei rassy kaky paklidima,
pataisik be wysakia vβwidegima.

Alle, zu dieser und zu den folgenden Ausgaben, deren Schwerpunkt ich in die getreue Wiedergabe der Originaltexte lege, mir zugehenden Berichtigungen werden in dem Index berücksichtigt werden.

Zum Schluss spreche ich Herrn Oberbibliothekar, Professor Dr. Wilmanns zu Königsberg meinen besten Dank aus für die grosse Liberalität, mit welcher er mir die Benutzung seiner Schätze gestattete. Nicht minderen Dank schulde ich Herrn Dr. Reicke; ohne seinen gütigen Beistand würde es mir unmöglich gewesen sein, einen correcten Abdruck des Originals zu liefern.

Göttingen, im Oktober 1874.

Der Herausgeber.

Catechismusa prasty szadei, 1

makslas skaitima raschta yr giesmes del kriksczianistes bei
del berneliu iannu nauicy sugulditas.

Karaliauczui, VIII. dena meneses sausia metu uÅgimima diewa
5   MDXLVII.

Soli Deo Gloria.

Ad magnum ducatum Lituaniae. 2

Fausta ducum magnorum altrix, Lituania clara,
Hæc mandata Dei suscipe mente pia,
10   Ne te, cum dederis rationes ante tribunal
Augustum, magni iudicis ira premat.

Pastoribus et ministris ecclesiarum in Lituania gratiam et 3
pacem.

QVidam nimis arctis limitibus scripturæ sacræ posses-
15 sionem includunt, dum eam sola sacerdotum famillia termi-
nant plebe interim exterminata. Pollui sacra, prophanari
mysteria clamitāt, et quasi magnā publicis domesticisq'; sedi-
tionibus fenestrā aperiri, si populum admittendum censeas.
His igitur cautio est, nequis in Apostolorum Prophetarumq';
20 sacrarium introducatur lingua uernacula loquens. Sed hæc
iniuria est intolerabilis. A cōmunibus sacris arceri populum,
quibus tamen abesse sine animæ uitæq'; 'æternæ detrimento
possit nemo, quid quæso potest iniquius? Quæ n. sacra cōmu-
niora, quae magis necessaria populo, quam doctrina cœlestis?

1

\

Hæc etenim sola ceu leophoros certam æternæ salutis uiã omnibus æque præscribit atq'; demonstrat. Quia enim tam plebs, quam proceres cœlesti opus habent doctrina, quæ quid Deus a nobis postulet, quid nos possimus præstare doceat ostendatq';, quæ sint causæ consequendæ salutis sempi- 5 ternæ, etc. Ergo cum hæc doctrina excludat neminem, haud 4 recte quidem intra priuata septa concluditur. Cõmune bonum publicumq'; est æternæ salutis possessio. Hoc quis poterit negare? Deus n. uult omnes saluos fieri. Cur nõ eodem pacto scriptura, quæ est de ista, quam dixi, possessione pri- 10 uilegium uel syngrapha, publicum bonum et cõmune æstimaretur? Quamobrem populum admittite, o Proceres, et ad ea quidem sacra, quæ ipsius sunt propria, uel certe uobiscum cõmunia. Non loquor de abstrusioribus controuersijs religionum, de quibus promiscua multitudo ut nec iudicium præstare, 15 ita tamē Catechesim perdiscere et debet et potest. Opus est n. cuilibet pro se conscientiaq'; sua, ut fidei suæ confessionem edere, ut in periculis, in afflictionibus, in mortis agone recte uereq'; se consolari possit atq'; erigere fiducia Christi saluatoris. Itaq'; in primitiua ecclesia nemo admitte- 20 batur ad cõmunionē cænæ dominicæ, nemo ad suscipiendum infantem e Baptismo, nemo copulabatur matrimonio, qui non probe ex catechesi confessionē fidei potuisset exhibere. Ac officij erat uestri, Pastores, hanc puerilem (quam catechesim dixerunt ueteres) doctrinam rudiori populo proponere, hanc 25 reiterare atq'; inculcare subinde, ut saltem his religionis Christianæ seminarijs imperitorum pectora implerentur. Vobis n. grex iste pascendus, uobis curandus atq'; tuēdus ab ipso 5 principe Pastore Christo cõmissus est, uos illi accepti expensiq'; et fidei diligentiæq'; uestræ reddetis rationem: imo ani- 30 mas illorum de manibus postulabit uestris. Perpendite, quæso, quam res horrenda sit ignoratio Dei, cuiusmodi animarum pestis idololatria, quantus furor Diaboli grassantis atq'; excitantis subinde idolomanias nouas et opiniones prauas; tum, quod non siue magno dolore cõmemoro, quam præ cæteris 35 nationibus nostra gens ignara rudisq'; et expers omnis pietatis ac religionis Christianæ; quam paucos reperias de plebe, qui non dicam catecheseos integram doctrinam probe teneant,

sed qui uel primam Dominicæ præcationis syllabam queat
recitare. Imo, quod auditu horribilius est, multi etiamnum
manifestam idololatriā et exercēt et profitentur palam: alij
arbores, alij flumina, alij serpentes, alij aliud colunt, honorem
5 exhibentes diuinū. Sunt qui Percuno uota faciant, quibusdam
ob rem frumentariam Laucosargus et propter pecuariam Se-
mepates colitur. Qui ad malas artes adijciunt animum,
Eithuaros et Caucos Deos profitentur suos. Cuiusmodi autem
aduersus hæc mala ira Dei exardescat, pauci considerant,
10 cū tamen Diuus Paulus pari crimine reos pronuntiet tam hos,
qui, dum non obstant, assentiantur, quam etiam illos, quos
manifesta delicta redarguant. Quamobrem in primis uos
moneo hortorq';, Pastores, aliquando tamen ut sitis officij 6
functionisq'; uestræ memores, ac ut cogitetis, tot animarum
15 causam curamq'; uos suscepisse, vobisq'; pro singulis magnā
in extremo iudicio dicendi coronam restare, nullam istic fu-
turam esse translationem culpæ, nullū inscitiae prætextū.
Vobis populus fecit ocium, ut ecclesiæ procuraretis negotium,
quod qua fide, quaq'; diligentia gesseritis, in cœlesti senatu
20 uos referre oportebit. Id autem ut bona conscientia facere
et intrepide possitis, huc animum intendite uestrum, huc
omnis cura propendat, ne catecheseos doctrina ignota sit populo. Principio discant homines ex decalogo, quid Deus a
nobis exigat, et econtra, quid nos ualeamus, hoc est discamus
25 de nostris uiribus desperare, atq'; nullum mortalium esse, qui
possit obedientiam, quam lex requirit, præstare integram.
Quemadmodum testatur Psal: „Non iustificatur in conspectu
tuo omnis uiuens"; item illud: „Maledictus, qui non manserit
in omnibus, quæ scripta sunt in lege, ut faciat ea". Deinde
30 cum hoc pacto constet, legi diuinæ non satisfacientes dam-
nari, necessario consequetur, omnes aut æternæ mortis reos
fore, aut ipsis quærendum esse auxiliū, quod doctrina Euan-
gelij promittit, Quippe ad æterni Patris misericordiā confu-
giendum esse fiducia solius Christi saluatoris nostri. Hic
35 etenim omnes, quicunq'; in ipsum confidunt, redimit a male-
dicto legis, ab ira Dei, a condemnatione æternæ mortis, 7
idq'; gratis, absq; ulla uel antecedentium uel consequentium
operum conditione ac dignitate. Postremo hoc quoq'; do-

cendum est, Deum ab his, qui se gratuito solius Christi beneficio redemptos confidunt, postulare fidei atq'; pœnitentiæ fructum. Non id tamen ideo, quia opera aliquid. conferant ad iustificationem nostri, sed quia eucharistica sint, nõ quæ uitæ æternæ salutem (hæc n. solius Christi merito contingit 5 gratis), sed quæ mereantur mitigationem temporalium pœnarũ et præmia quædam alia, tam hic, quam in uita futura. Hæc in summa docet catechesis, Cuius iam uobis, reuerēdi Pastores ac ludimagistri, rude exemplum et breue, et quidem lingua Lituanica nostra damus, daturi, Deo uolēte, 10 mox copiosius aliquod et melius, Si prius in hoc exiguo promptitudinē et boneuolentiā erga me uestram intellexero. Valete.

8
Knigieles

pacziamis byla Letuuinikump jr Szemaicziump. 15

Bralei, seseris imkiet mani ir skaitikiet,
Jr tatai skaitidami permanikiet.
Maksla schito tewai iusu trakßdawa tureti,
Ale to negaleia ne wenu budu gauti.
Regiety to nareia sawa akimis, 20
Taipyr ischgirsti sawa ausimis.
Jau nu ka tewai nakada neregieia,
Nu schitai wiss iusump ateia.
Veizdekiet ir dabakietese ßmanes wysas:
Schitai eit iusump žadis dągaus karalistas. 25
Malanei ir su dziauksmu tą ßadi prigimkiet,
A iusu hukiusu scheimina makikiet.
Sunus, dukteris iusu tur tatai makiety,
Visa schyrdy tur tą dewa ßady milety.
Jei bralei, seseris tus ßadzius nepapeiksit, 30
Dewa tewa ir sunu sau milu padarisit
Jr paschlawinti pa akimis dewa busit;
Visosu daiktosu palaimi turesit,
Schitu makslu dewa tikrai paßysyt
Jr dągaus karalistasp prisiartysyt. 35
9 Neußtrukiet bralei, seseris, manęs skaitity,
Jei pagal wales dewa narit giwenty.

Jei kas schwenta giesme nar giedaty,
Mane po akimis sawa tur turety.
Diena ir nakti preg sawęs mani laitikiet¹),
Jr nekada manes nog iusu neatmęskiet²).

5   Jei kursai mane nog sawęs atmes,
Tasai newena paßitka manip negaus.
Asch sakau, iog taksai wisada tur kleidety
Jr ape sweikatą sawa netur ncka ßinaty.
Kursai nenaretu to maksla ßinaty ir makiety,
10   Tasai amßinasu tamsibesu tur buti.
Tadrin, ius ßmaneß, manesp prisiartynkiet,
Jr pagał to schwenta maksla giwenkiet.
Tamsibes senases nog iusu scbalin atwarisit,
Sunus, dukteris nog iu ischgielbesit,
15   Jei tą maßa kriksczianiu maksla makiesit,
Jr pagał io ius patis sawe redisit.
Kaukus, Szemcpatis ir laukasargus pameskiet,
Visas welnuwas deiwes apleiskiet.
Tos deiwes negał iums neka giera doty,
20   Bet tur wysus amßinai prapuldinty.
Sweikata, wisus diaktus³) nog to dewa turit,
Kurio prisakimus czia manip regit.
Tasai dewas dągu, ßeme ßadziu wenu sutuere,
Schytu budu ßmanes ir wisus daiktus padare.
25   Tassai kaßnam ßmagui wenas gal padety,   10
Sweikata ir palaimi tassai gal pridoty;
Tassai diews wysas ßmanes nar didei mileti,
Dągaus karaliste dawanai nar dawanati.
Aithwars ir deiwes to negał padariti,
30   Beth ing peklas vgni weikiaus gal istumti.
Pameskiet tas deiwes, dewap didziap pristakiet,
Schitą maksla wisy liksmai preimkiet.
Tassai maxlas tur teisei ius ischmakity,
Kaip dewa turit paßinti, pregtam irgarbinti⁴).
35   Tassai maxlas roda tikra kiely dewa sunausp,
Musu ischganitaiap Jesausp Christausp.

--- ---

¹) laikikiet.   2) neatmeskiet.   3) daiktus.   4) ir garbinti.

Schitą sunu ir tewa tikrai paßisit,
Jei tą maksla gierai makiesit ir permanisit.
Be schito maksla ßmancs regit klcidenczias
Jr deiwiu schimta (iei tntai nemaß) turinczias.
Asch ßinau, ir tatai dręsu czia sakiti,   5
Jag schimty ßmaniu wena negaleczia atrasti,
Kursai wena ßadi dewa prisakima makietu
Jr pateriuus bendu ßadziu atmintu.
Jei klausy ßmagu: „biau maki pateri bilaty?
Prisakimus diewa biau galctu nt minti?   10
Veras kriksczianiu strnipsczius ar gali skaitity?
Ape duschas ischganima biau gali ką ßinaty?"
Zatagamis tau ßmagus tur aksakiti ¹),
Jag gieresnei atmen arty, nent pateri bilati:
11   „Dewa prisakimu bila asch nekada negirdeiau,   15
Nei straipscziu weras kriksczianiu skaicziau;
Baßniczia nog deschimes ²) metu nebuwau,
Tektai su burtinikie ant burtas weizdedauau.
Begieresny, su schwenta burtiuikie ³) gaidi walgiti,
Neig baßniczio·schaukima ßeku glausiti ⁴)."   20
Ach panai, klausikiet ir permanikiet,
Balsus tus iusu ßmaniu ischgirskiet.
Tu duschas dews nog iusu nares tureti,
Kurias iums ig rąkas dewe rediti.
Hei wespatis wisaky, ant ßmaniu susimilkiet,   25
Kunigump, ßekump ßmanes tremkiet.
Kiek nedelias baßniczian waikscziati prisakikiet,
Kunigus, idant makitu ßmanes, ragynkiet,
Plebanus, kunigus wenu balsu praschiikiet,
Jdant ta maxla nesleptu, didei melskiet.   30
Jei kunigai tygietu, tą maksla patis sakiti,
Jus galcsit hukiusu ßmanes makinti.
Bet kunigu ira vredas, ßmanes makiti,
Bo ant to wisy ira apskyrty.
O ius kunigai, pagał iusu sena vreda   35
Makikiet ßmanes: tatai wisas paklida.

---

1) atsakiti. 2) deschimtes. 3) burtinikie. 4) klausyti.

Schitai turit trumpa maksla kriksczianistes
Pagał buda senases baßniczias.
Skaitikiet ir dokiet ig rąkas kiewaika ¹),
Kaip ßemaiczia ta ipir ²) letuwynika.
Ragynkiet ßmanes, to trumpa maxla ijschmakti,   12
Be kurio platesnis makslas negal stawieti.
Jei to trumpa maksla makiti vßtruksit,
A welcs ³) iusu amßinai praßudisit.
To del kunigai ant aweliu susimilkietese,
Aschtra suda ir narsa dewa biakietese.
Be gieresni czia dewa żadziu ßmanes makinti,
Nent aschtra suda, alba narsa dewa tureti.
Delto rąkasn ⁴) schitą maksla trumpa imkiet,
Jr aweles iusu tu mażu dewa maxlu penekiet.
Pregtam platesnia maxla kiek denas laukiet,
Jr ilgai dewa walio ant sweta giwenkiet.
Diewa ßadzia karschtei diena ir nakti eschbkakiet,
A mana darba vß gier prymkiet.

Pygus in trumpas mokslas skaititi yr raschity.   13
Skaitiniu ira 23.

Didzas.
A B C D E F G H I K L M N O P Q R S T V X Y Z.

Maßas.
a b c d e f g h i k l m n o p q r ſ s t u v x y z.

Palsines. VI.
a e i o u y.

Duibalsines. V.

Taip ra- ⎰ æ ⎱ ⎰ e ⁵) ⎱
        ⎱ oe ⎰ taip skai- ⎱ e ⎰
          au   au
schose ⎰ eu ⎰   tose ⎰ eu ⎰
       ⎱ ei ⎱   ⎱ ei ⎱

Sąbalsines XVI.
b c d f g k i m n p q r s t x z.

---

1) kiek waika.   2) taip ir.   3) aweles.   4) rąkasu.   5) undeutlich.

14 Pradestysy suguldimas sąbalsiniu pirm balsiniu.

Ba	be	bi	bo	bu		Ca	ce	ci	co	cu
Da	de	di	do	du		Fa	fe	fi	fo	fu
Ga	ge	gi	go	gu		Ha	he	hi	ho	hu
Ja	ie	ii	io	iu		La	le	li	lo	lu
Ma	me	mi	mo	mu		Na	ne	ni	no	nu
Pa	pe	pi	po	pu		Qua	que	qui	quo	quu
Ra	re	ri	ro	ru		Sa	se	si	so	su
Ta	te	ti	to	tu		Va	ue	ui	uo	uu
Xa	xe	xi	xo	xu		Za	ze	zi	zo	zu.

5

10

Baisines [1]) pirm sąbalsiniu.

Ab	eb	ib	ob	ub		Ac	ec	ic	oc	uc
Ad	ed	id	od	ud		Af	ef	if	of	uf
Ag	eg	ig	og	ug		Ah	eh	ih	oh	uh
Al	el	il	ol	ul		Am	em	im	om	um
An	en	in	on	un		Ap	ep	ip	op	up
Ar	er	ir	or	ur		As	es	is	os	us
At	et	it	ot	ut		Ax	ex	ix	ox	ux.

15

Balsines tarp dweiu sąbalsiniu.

Bab	beb	bib	bob	bub					
Bac	bec	bic	boc	buc					
Bad	bed	bid	bod	bud					
Baf	bef	bif	bof	buf					
Bag	beg	big	bog	bug	Bal	bel	bil	bol	bul
Bam	bem	bim	bom	bum					
Ban	ben	bin	bon	bun					
Bap	bep	bip	bop	bup	Bar	ber	bir	bor	bur
Bas	bes	bis	bos	bus	Bat	bet	bit	bot	but

20

15

25

Dwy sąbalsine pirm balsiniu.

Bda	bde	bdi	bdo	bdu		Bla	ble	bli	blo	blu
Bra	bre	bri	bro	bru		Cha	che	chi	cho	chu
Cla	cle	cli	clo	clu		Cma	cme	cmi	cmo	cmu
Cna	cne	cni	cno	cnu		Cra	cre	cri	cro	cru
Cta	cte	cti	cto	ctu		Dla	dle	dli	dlo	dlu
	Dma	dme	dmi	dmo	dmu					

30

35

---

1) Balsincs.

Dna dne dni dno dnu   Dra dre dri dro dru
Fra fre fri fro fru   Fla fle fli flo flu
Gla gle gli glo glu   Gda gde gdi gdo gdu
    Gma gme gmi gmo gmu
5 Gna gne gni gno gnu   Gra gre gri gro gru
Pna pne pni pno pnu   Pra pre pri pro pru
Pta pte pti pto ptu   Psa pse psi pso psu
Sca sce sci sco scu   Spa spe spi spo spu
Sta ste sti sto stu   Stra stre stri stro stru.

10 Balsines veuai[1]) dwem alba tryms sąbalsinems pirm detas.
Alx elx ilx olx ulx   Anc enc inc onc unc
Ams ems ims oms ums
Ans ens ins ons uns   Ant ent int ont unt   16
Anx enx inx onx unx   Ars ers irs ors urs
15 Arx erx irx orx urx   Abs cbs ibs obs ubs
Arbs erbs irbs orbs urbs
Aps eps ips ops ups
Arps erps irps orps urps.

Balsines tarp sąbalsiniu.
20 Cab ceb cib cob cub   Dab deb dib dob dub
Fab feb fib fob fub   Gab geb gib gob gub
Hab heb hib hob hub   Jab ieb iib iob iub
Lab leb lib lob lub   mab meb mib mob mub
Nab neb nib nob nub   pab peb pib pob pub
25 Rab reb rib rob rub   Sab seb sib sob sub
Tab teb tib tob tub   Vab ueb uib uob uub
Xab xeb xib xob xub   Zab zeb zib zob zub.

Gals to maksla. Ischmintygas makitos bernelia daugiu syllaabisaturas teneapsun kin[2]); bet skaititi tur, io weikiaus 30 makitij.

Suneley makikietese, weikiaus nepateikiet,
Pateikaudame tewu labia netrekiet.

Catechismusa prasty szadei

del prastu żmaniu a didziaus del suneliu ir scheiminas huki-17 35 niku pradestyse.

_____
1) venai.   2) tencapsunkin.

Pęnkias ira dalis maksla kriksczianiu, kurias każnas kriksczianiu żmagus pawinnas yr kaltas esti makieti bei permaniti.

Pirma dalis.

Zakans, alba deschimtis dewa prisakimu.

Antra dalis.   5

Dwilika straipscziu weras kriksczianiu, kurę wadinam credo.

Treczia dalis.

Malda pana, alba praschimas, kurę wadinam pateriu.

18   Kietwirta dalis.

Swetastis alba sacramentai baßniczias, tatai esti kriksstas 10
schwęntassis, kunas ir kragis pana musu Jesu Christusa etc.

Pęnkta dalis catechisma.

Pęktä dalis ape istatima vredu, tatai esti ape giwenima
kaßna ßmagaus, kaip tur giwęnti sawa stany pagal dewa walias.

Pirma dalis.   15

Deschimtis diewa pryssakimu.

I. Pirmas.

Ne tureki kytu diewu preg manęs.

II. Antras.

Negimki warda pana, diewa tawa, naprasnai.   20

19   III. Treczas.

Atminki, idank [1]) diena schwenta schwęstumbi.

IV. Kietwirtas.

Cziastawaki tewa ir matina tawa, iei nari ilgai giwenti
ant szemes.   25

V. Pęnktas.

Ne vßmuschki.

VI. Schestas.

Ne ijsźaki [2]) swetimas materis.

VII. Sekmas.   30

Ne waky.

VIII. Aschmas.

Ne liudiki prysch artima tawa neteisaus liudima.

---

1) idant.   2) = iszjaki (= isz-jûk, vgl. ap-jûkti).

IX. Dewintas.   20
Ne gieiski hukia artima tawa.

X. Deschimtas.
Ne gieiski materis ia, nei berua ¹), nei mergas, nei iauczia,
5 nei aschila, ir ne wena daikta, kurssai ia esti.

Narsa dewa grassimas.
Irmalanes ²) ßadegimas ape wisus prisakimus ischwadu
knigasu XX. cap.: „Asch essmi panas, diewas tawa, macznas,
kiersztauięsis, atląkąsis piktenibes tiewu ant suuu ig trete ir
10 kietwirta eyle gimines schitu, kure manęs neapkient, ir
darąsis milaschirdigiste ant tukstanczia temus, kure mane myl
ir serkti prisakimus mana.

II. Antra dalis catechismusa,
dwilika straipscziu weras kriksczianiu, per apaschtalus schwen-
15 tosius sugulditu.

I. Pirmas straipstis weras.   21
Tikiu ygi diewa, tewa wysagalintigi, sutwertagi dągaus
ir źemes.

II. Antras.
20   Jr ygi Jesu Christu, sunu ia wenatigi, pana musu.

III. Tretes straipstis.
Kursai prasideiase isch dwases schwentases, gimes isch
Marias, mergas czistas.

IV. Kietwirtas.
25   Kien theia³) pa Ponskuiu Pilatu, nokrißawatas, nomires
ir pakastas.

V. Pęnktas straipstis.
Noßęgie ig peklas, trete diena isch nomirusuiu kieliese.

VI. Schestas.
30   VschBçgie ant dągaus, ssæd⁴) padeschines ⁵)
diewa, tewa wyssa galincziaia.   22

VII. Sekmas.
Isch tę ateis suditu giwu ir numirusuiu.

---

1) berna.   2) Irmalanes.   3) Kientheia.   4) undeutlich.   5) padeschines.

VIII. Aschmas straipstis.

Tikiu ingi dwase schwentąge.

IX. Dewintas straipstis.

Tikiu surynkimu schweutu kriksczianiu, schwentuiu drau-
giste.   5

X. Deschimtas.

Tikiu greku atleidima.

XI. Liekas straipstis.

Tikiu kuna isch nomirusioiu kielima.

XII. Antras liekas straipstis.   10

Tikiu pasmertes ¹) amßima ²) źiwata. Amen.

23   **III. *Treczia dalis*.**

Malda pānū, kurę patis pānas Christusas palika ir makie
kaipo gy turim praschiti; S. Matheiupi VI. cap. Schita esti:
Tewe musu kuris essi dąngusu.   15

I. Schwęskicse wardas tawa.

II. Ateik karaliste tawa.

III. Buki tawa walia, kaip dągui, taip ir ßemeie.

IV. Dona musu wyssudienu ³) dodi mumus nu.

V. Ir atleid mumus musu kaltibes, kaip mes atleidem 20
musu kaltimus.

VI. Newed mus ingi pagundima.

VII. Bet gielbek mus nogi wysa pikta. Amen.

24   **IV. *Kietuirta dalis*,** .

ape swetastis alba sacramentus bazniczias.   25

Ape suetasti krikschta schwentaia.

Kriksstas ne esti tektai prastas wąndo, bet esti prisaki-
mapi dewa prerakintas, ir su źadziu suglaustas, taipo, kaipo
schwęntaie euangelyaie paraschit ira; S. Matheiupj tapagu-
liausiagi galwagi: „Eidami makikiet wisas ßmanes, krikstidame 30
ias vardana tiewa ir suunaus ir dwases schwentases". — Szadis
dewa ir źadegimas schwentamimpi Markupi tapagaliausemi
paguldime apraschitas esti tais zadcis: „Kurssai tikies ir bus
apkrikstitas, bus ischganitas; kursai ne inggitikies, bus pakal-
tintas".   85

---

1) pa smertes.   2) amßina.   3) wyssu dienu.

Paßitkai alba naudas krikssta schwentaja.

I. Kriksstas schwentasis dara ßmaguy greku atleidima, ir dewas tewas tam ßmagui per sawa sunu Jesu Christu dost dwase schwęntąge.

5 II. Jschgana mus nogi amzinas smertes ir nogi piktaia welna. 25 III. Amzinagi giwenima, tatai esti dąngaus karaliste, dosti wisimus tiemus, kurie žadems ir temus žadegimamus dewa tijk. Bet apte¹) tatai, ieij milasijs diewas dos, ißguldimi wisa catechismusa platesnei turesit.

10 Ape swetasti alba sacramenta altariaus, tatai est ape schwentągi²) kuna ir kraugi pana musu Jesaus Christaus, kurij mumus vß testamenta palika. Mes turim stipri wera tikieti, iag tikras ir teisusis kunas anaie ipatineie donas ira, ir ipatineie ano wina esti tikras 15 kraugis pana musu Jesaus Christaus, kurij del musu wisu greschnuiu praleia, del musu istate ir palika, idant mes walgitumbim ir giertumbim del atleidima musu greku. Tas est teisiausesis liudimas ir testamentas nogi kieturiu enangelijstu³) paraschitas 20 (Matth. XXVI., Mar. XIV., Luc. XXII. cap.): „Panas 26 musu Jesus Christus schitage naktcie, kuria tureia buti ischdotas, eme dona, dekawaia, lauße ir dewe pasiuntinems sawa, bilodams: „Imkiet, walgikiet, tatai esti kunas mana, kurssai vß jus bus iß dotas, tatai darikiet ant atminima mana." Schi- 25 tugi budu pa weczieres eme kilika, dekawaia, dewc gims, biladams: „Gierkiet isch ta wissij, tas kilikas nauies testamentas esti mana kraugeie, kurssai vß ius 27 bus ischletas ant atleidima greku iussu, tatai darikiet, kiek kartu gierssit, ant atminima mana."" Pauilas I. Corin. XI. 30 capi. — Ta testamenta te ßadei ira galua jr pa matas⁴): „Vß jus dotas jr ischletas bus ant atleidima greku iusu." Kas tems žadems taip tik, jr walga bei gyer, tassai atleidima greku sawa wissu aptur. Tas at pent⁵) tcisei dastainas esti, jr tikrai prisitaises, priprawi es⁶) prijm, kursai tikra jr stipri 35 wiera tik ischwisas schir des⁷) igi tus žadzius: „Vß ius dotas esti jr praletas ant atleidima

---

1) apie.　2) undeutlich.　3) cuangelijstu.　4) pamatas.　5) atpent (= atpencz).　6) priprawi(j)cs.　7) isch wisas schirdes.

28 greku iusu." Kurssai patam tims żadems netik alba siluartau, tasai est piktai prisitaises, presi prawijges¹) piktai, nedastainai jr ne gadnai priemes, ba schitegi żadei „Vsz ius dotas esti jr praletas" nar tureti jr prewa la²) tikiegima alba weras wisas, stiprias jr kaip ugnis deganzias. Tadrin ig⁵ żadzius tus kurij netik, schitte netur buti taspi swetastespi altoriaus, alba tap sacramentapi perloiști. Ba takie iei³) prigim ne greku atleidima, bet, knipo schwentas Pawilas bila, suda rustu ir paskandima amßinągi prigim. — Ape tą swetasti jr ape kitas swetastis alba sacramentus didesneme catechismusy 10 turesit ischguldima.

Ape razgreschima, takai⁴) esti, ape atleidima greku. Matth. XVI.: „Tau dosiu ractus dągnaus karalistes; kątektai surijschi ant ßemes, bus surijscht jr dągui. A ką tegtai⁵) isch rijschi ant ßemes, bus ischrijscht ijr dągui."   15

29   Janas XX. „Imkiet dwasę schwentąie, kuriu tektai atleisit grekus, schitu bus atleisti; kuriu tektai notwersit, notwerti bus."

V. Pęnkta dalis,
apo istatimus vredu, alba giuenima.   › 20

Pirmas ijgistatimas biskupa basźniczias; S. P. I. Thimo. III.: „Jei kurssai biskupistes vreda gieidza, tasai giera darba gieid. Reik tadrin, idant biskupas butu cźistas jr nepatepta kuna, venas materis wiras, no tingus, trezwas, ramas, prœteliskas, gadnus makiti, ne girtukle, ne zbradnius, ne narijs 25 biauraus ziska⁶), bet teisus, talims nog lakamstwas, kurssai sawa huki gieraij rheda, kurssai sunus turetu sawa maczeie pasluschnus, suwisakiu⁷) weßlibijmu. A iei kurssai tikra hukia rediti nemak, kuriu budu baßniczie diewa redis? Nenauias, ieib pasiputes ig apkaltinima neteisiniku ne igipultu; 30 reik prektam iem giera tureti liudima nog praschalimu, ieib ne igipultu ijng gieda ir igi ßabąga neteisiniku".

30   Ape tarnus bazniczias, tatai esti ape kunigus; I. Timoth. III.: „Kunigai schito budu weßliby, ne dwileßuwei ir ne gir-

---

1) presiprawijges.   2) prewala.   3) = takieioi (tokėjē).   4) tatai.
5) tektai.   6) zitka.   7) su wisakiu.

tukles tur buty, kurie tur tureti maksla weras su czista samniene. Jr tus pirm tur ischmegyntij, potam taip te sluźij,
idanti negaletu ne wenas ius kaltinti. Materis taipaiau te tur
weßlibas, ne patwarainnczias, treźwas, wernas wisamy. Kapla-
5 nai testa wenas mateis ¹) wirai, kure sunus sana ²) gierai te
walda su tikraie sawa scheimina. Bo kure gierai slußij, rąnd
sauweta ³) giera, ir dide walniste wera, kuri est pateme Jesuse
Christuse."
      Ape klausitoius dewa Bodzia; I. Corintump. IX: „Taip
10 ponas ystate, idant kure euangelium saka, isch euangelias
giuentu." Galatump. VI.: „Tepridosti makitaiuy wisu gieru
tas, kursai makinase Badzia."
      Sźidump XIII.: „Klausikiet tu, kure wiresny ira, ijr pre-31
dokiet, iei wenok ane iaut vß duschas iusu, kaip skaitliu su-
15 werstu, idant su dziauksmu tatai daritn, ne dusaudamy; bo
tatai iums est nesupaßitku" ⁴). I. Timo. V.: „Kurę ⁵) kaplanai
- gierai walda, dweiapas cziestis dastainy tur buti, didziaus
te, kure dirb ßadegi dewa ir maksle. Ba bila raschtas: „Jau-
czui kulantem ne vßrischi nasru"; ir: „ghadnas esti darbini-
20 kas algas saua". Prisch kaplana skundima ne pricleisi, net pß
dweiu alba trijiu luidiniku."
      Vredai sweczkiegi, tapirmiaus ape panus wiresnius; Ri-
mianiump XIII: „Kasźna duscha maczems wiresniams testawi
padota, bane ⁶) esti maczys, tektai nogi dewa; kurias patam
25 ijra maczes, nogi dcwa ijngi statitas ijra. A taip, kursai
tektai stawi prisch maczc, prisch dewa ij staitima ⁷) stawij;
betaigi kuri prisch stawijness,
sau patis suda prigims. Ba kunigaistei ne baisumu ira gierai 32
darantimus, betaig darautims piktai. A nary nebiatesy ma-
30 czes wiresnes? Kas gier ira, daryk, ir turesi garbe nogi iass.
Diewa abawem tarnas esti, tau ant giera. A iei darissi tatai,
kas pikt ira, biakiese, ba nenaprasnai kalawygi nescha. Tarnas
abawem dewa esti, atdodąsis ingi rustibe tam, kursai, kas
pikt ira, dariss." I. Petra II.
35   Padotygy alba veldamai ⁸) panams wiresnimus ką skiel;

---

      1) materis.   2) saua.   3) sau weta.   4) ne su paßiktu.   5) kure.
      6) ba ne.   7) ijstatima.   8) veldami (?).

Rom. XIII: „Reik idant butu padoti, netektai del rustibes, bet dęl¹) sumnienes. Del ta abawem ir muitus dostat²), jei tarnai dewa csti, ant ta sluſdamij³). Attadokiet tadrin wissems, ką skielat: kam dony, tam dony; kam muita, tam muita; kam baisuma, tam baisuma; kam cziesti, tam cziesti. 5 Newenam nes slaką⁴) nieskielekiet, teiktai⁵) tatai, idant draugiskai miletumbetese. Bo kursai mil kita, zakana ischpilde". I. Petra II.

33   Vredai hukiniku.

Vredas virischkiu; I. Petr. III. cap.: „Taipo ijr wijrai te gijwen pagal sumnienes, knip silpnam sutwerimui, matrisch- 10 kam cziesty pridodamij, kaipir sątiewąnems malanes amſina ſiwata, idant nebutu pertrauktas maldas iussu". Ephes. VI.⁷) galwaie: „Virai miliekiet materis iussu, kaipo ir Christus milieia baſnyczie ir patis sawi iſdewe vſu ię, idant aną paschwęnstu, apczistita mazgagimu wandens per ſadi, idant 15 priglaustu ię patis sau, paschlawinta baſniczie, neturinte patepima alba suraukima, alba newena schitakia daikta, bet idant butu schwenta ir nepatepta. Taipo tur wirai milieti sawa materis, kaipo sawa pacziu kunus. Kursai mijl materi, sawi patis mijl". Ape tatai talesnij ir daugiesnij S. P. Collo. 20 II.⁷) cap.

34   Vredas materu; Ephesumpi V. galwagi: „Materis tikrims wirams bukiet padotas, kaipo ir panui. Ba wirns esti galwa matriskies, kaipo ijr Christus esti galua baſniczias, ir tassai patis esti, kurssai dosti sweikata kunui. A tadel kurio budu 25 baſniczie padota esti Christui, taipo ijr materis sawa wiramus padotas testawi wysa mij"⁸). I. Petr. III: „Schytogi budu materis padotas bukiet wijramus, idant atpenti, kurie neklausa ſadzia, per matrisskiu sądraugiste beſladzia⁹) butu paeschkaty, kada dabaiesy su cziesty suglausta czista bursima iussu, 30 kuriu graikschtumas te esti ne nog lauka, kursai pagulditas ijra pijnimusu plauku ijr priredimij auxa, alba plasczu apedęgimij, bet nogi tiesass esti schirdie, ſmagus, iei issai¹⁰) neturetu newena papiktinima, taipo idant schirdis mijla butu ijr spakailiwa, kury schirdis pa akimis pana diewa didis   35

---

1) del.   2) atdost.   3) sluſidamij.   4) skala.   5) tektai.   6) V.
7) III.   8) wysamij.   9) be ſadzia.   10) jissai.

ijr brągus daiktas esti. Ba schistu ¹) budu ir schwentases 35
anās matriskies nosytikiedamas diewui graiksschtynase sawij,
ir padotas buwa sawa wiramus, kaipo ir Sara klausie Abrama,
panu ghy wadindawa, kuria ²) staiatese duketetis ³), kada gierai
5 darat, nenositrim stat ⁴) niekakiu baisumu".
Vredas tiewu prijsch sunus; Eph. VI.: „Tiewai, ne ingi
wadziakiet rustibien suneliu iussu, bet vßpenekiet anus per
makima ijr ischkaznima pana". Collosensumpi VI. ⁵) kal-
waie ⁶): „Thewai ne priwadziakiet sunu iussu ingi rustibe bei
10 kierschtaugima, idant nebutu nosimynusias schijrdies".
Sunus ką skiel thewamus sawa; Eph. VI.: „Sunus klausikiet gimditaiu iussu paneie, ba tatai esti teisu. „Cziastawak
thewa ir matina tawa", kursai prisakimas pirmas esti ßade-
gimij: „idant taui gier butu, ijr butumbi ilgai giwas ant
15 ßemes." "
Vredas wijsakiu weschpatu alba panu priesch tarnus; 36
Collo. IV.: „Juss panai tęisibe ⁷) ijr gieribe tarnamus pridokiet,
ßinadamij, iagi ijr iuss turit pana dągnui". Ephes. VI.: „Jr
iuss panai taipagi darikiet prisch anus atlciißdamij grassimus
20 alba krieschtaugimus ⁸), ßinadamij, iagi ijr iussu pacziu panas
esti dągusu, ijr netur pawyzdźia ant wcidu".
Tarnai, tarneites, samdinikai ijr samdinikics ką skiel
weschpatimus sawa; Ephes. VI. galwaie: „Tarnai klausikiet
schitu, kūrie panai ira iussu pagal kuna, su baisumu ijr su
25 drcbiegimu, suprastibe ⁹) schirdes iussu, kaip Christui, ne
ant akiu sluißidamij passimekti, betaigi kaip tarnai Christusa,
darijdamy, ką nor diewas, su giera walia slußidamy panui ir
ne ßmanemus; antai ßinadamij,
iagi kiek wenas, ką giera padariss, tatai nog diewa tur tu- 37
30 rieti, iei narinti tarnas, alba samdinikas butu". Titapi XI. ¹⁰)
galwagi: „Ragink tarnus, idant sawa panu klausitu, wyssamij
gimus pamegdamij, ne prischtariaudamij, ne wagdamij, betaigi
giera wernastij wijsakiemij radidamij, idant maksla ischgielbe-
taia mussu diewa apgraßintu wijsamij."

---

1) schittu. 2) kurias. 3) dukteris; der Kat. vom Jabre 1709 hat
kurros dukters jus tapete. 4) nenositrimstat. 5) III. 6) galwaie. 7)
teisibe. 8) kierschtaugimus. 9) su prastibe. 10) II.

2

Vredas sennu wiru ijr iaunikaicziu. „Senigi wīrai trezwy tur buty, ramij, weßlibij, ischmintingij, stīprij weraie, malaneie ijr kantrumij." „Jaunikaiczius graudink schitogi budu, idant butu trezwy."

Vredas wetuschu alba senu matrischkiu ijr mergaicziu 5 iaunu; Titapi XI.¹): „Senases matriskies rāginki, idanti taky apdęgima alba rubus turietu, kakie vßgul kriksczianiste; ne neteisiuikies, ne girtauięnczias turbutij²), idaut wießlibu daiktu makitu, kaip galetu ramijmapi 98 prywersti mergaites, idant wyrus ijr sunus sawa miletu, idant 10 trezwas, czistas, turinczias rupesti hukia, gieras ijr padotas sawa wiramus butu. Jdant pikta negirdetu diewa ßadis".

Naschliu vredas; Timot. V.: „Naschles cziastawak, kurias teisei naschles ira; jeikuri³) naschle sunus, alba nepoczius tur, te makase pirm tikrus namus walditi, ijr gier vß gier te 15 makase attadawineti wiresnimus sawa; ba tatai esti patagu ir pamekt panepi diewepi. A taip kuri tcisei naschle esti ijr apleista, tyk ingi dewa ijr stawij praschimusu ijr maldasu nakti ijr diewa⁴). Pregtam kuri raschkaschesu gijwen, schita bebudama giwa, nomirusi esti." 20

Vissu ßmaniu vredas; Leuiti. XIX., Rom. XIII: „Miliek artima tawa kaipo patis sawi; malane artimam pikta nedara. Ischpildimas tadrin zakana malane esti."
99 I. Tim. XI.⁵): „Vpaminaiu ins, idanti ant wijsa praschimai, maldas, ingi stagimas⁶), dekawagimai butu vß wisas ßmanes." 25

Vpaminagimas.

Praschau asch ius Letuwinikus ir ßemaiczius, milosius bralius ir seseris, pregtam ir vpaminaiu ius per pānß Jesusa Christusa, at pirtkagi⁷) bei ißganitagi musu, idant ta trumpa maksla ischmaktumbet ijr wisada atmintumbet, sunus iusu ir 30 scheimina turit ischmakiti. A ischguldima platesnia isch kazanes ir patam isch didesnia katechismusa makikietese. A schitą mana darba ijr prakaita vß gier preimtumbet, praschau — Gals.

---

1) II. 2) tur buty. 3) jei kuri. 4) diena. 5) II. 6) ingistagimas. 7) atpirktagi.

Skaititaiap.

Bralau milasis, skaitidams tatai ßinasy,
Jag tassai ließuwis dabar reischkiesy.
Tadrin, iei rassy kaky paklidima,
5   Pataisik be wysakia vßwideginna.

Pradestyse giessmes schwęntas.   40

Diewa prisakimas, kurij gal giedate ant notas anas senases
lękiskas: „O anno pany sslachetna spokolenia etc." Bet del
berneliu maßuiu su nota senąge paguldziau.

10   Tas est diewa prisakimas,
      Greku musu pazinimas:
    I. Turek, ßmágau, wena diewa.
    II. Neimk dawanai ia warda.
    III. Atmink diena schwenta schwęsti.   41
15   IV. Tiewa, matina garbink.
    V. Ne vßmuschki ne wena.
    VI. Ne dirpk greka tu biauraia.
    VII. Newak daiktu artimaia.   42
    VIII. Ne ludik ne pateisei.
20   IX. Hukia, daiktu ijr materes
    X. Ne gieisi artimaia.

Praschimas ape dwase schwentąie.   43

Schita giesme esti malda, kurij turim wisy prassiti wenu
balsu ir schirde ape dwase schwenta pirm pradegima kazanes.
25 Ant senases notas lękiskas giesmes: „Po prosmi swietego
ducha"; „Nu bittenn wyr den heyligenn geyst".

Papraschaim schwentases dwases,
jeib butumbim tikras wieras kaip
ant ta vß gul, jeib butu,   44
30   pans diews, prieg ta cziesa,
kada skirsis nog kuna
duscha: taip diewe mums dok.

I. Pirma malda dewapi tewapi.   45
Prascham tawe, diewe tiewe,
35   idant mums dotumbi tawa

2*

schwnętąie ¹) dwase, jeib mus
nog greku saugatumbi, laskā
tawa laikitumbi: diewe thiewe dok.

II. Malda sunauspi diewa.

Prascham tawe, sunau diewa,⁣ 5
idant mums dotumbi tawa schwen-
tągi ßadi, jeib gierai mes nu
ischmaktumbym, ing tawe wenn
tikietumbim: sunau diewa dok.

III. Praschimas dwasespi schwęntaspi. 10
Prascham tawe dwase schwen-
ta, su diewu thiewu ijr sunu
traiczie wenagi, teisas weras
mus ischmakik, pagal
walias tawa redik: dwase 15
schwenta dok.

46 Ape dwase schwenta. Veni creator spiritus. Kom got schöpffer,
heyliger geyst.

Schwenta dwase, musump ateik,
duschas nu musu atląkijk, 20
malane tawa papildik,
47 mus greschnus tu ißgidik.

Ligsmintaiu mes wadinam,
dawana diewa paßistam,
tu duschams pagalba dosi, 25
ir pati ies lingksmisi.

Vß ßiebk schwesei humus musu,
dok malane ßmanesu,
kunus tu musu patwirtink,
be paliaugima redik. 30

Tu sèptinergi dawana,
pirsts tu deschins diewa mana,
szadi dewa tu aproiski,
ir ließuwius naugini.

_____
1) schwęntąie.

Nog buklistes welna gielbek,
tawa malane mus turek,
buk musu tu prawadniku,
jeib nesektumbim greku.

Radik mums tewa dąugugi,
Jezu, sunu ia tikrągi,
ir tu pati, dwase schwenta,
venibe diewa garbinta.

Sweczin buk duschiasu musu,
lingksmiuk tu mus sijlwartusu,
jeib smertes nebiatumbim,
ligksmai dusche dotumbim.

Garbe tewui, ir ia sunui
Jezui Christui, musu panui,
taipir ligsmintaiui duschu,
wenibei diewa musu.

Amen, amen iau tarikiem,
diewa schirdi mes garbikiem,
su dziauksmu giedakiem amen,
ant amßiu amßia amen.

Oratio dominica. Vater vnser. Pāteris.

Thiewe musu dąnguięsis [1]),
tawesp eit ßmagus gressnasis;
mus ischmakie Jesus Christus,
idant melstu greschnas ßmagus,
nasrais ir schirdi praschitu,
ir silwarta neturetu.

Daukxsink tu musu malane,
tu mums prisakiei wenibe,
malane ieib giwentumbim,
ir gieribes nemirstumbim,
idant mes tau tarnautumbim,
szadi tawa miletumbim.

---

1) = dangui çsis.

Schwęskies musump tawa wardas,
kurs est nog tawęs pamektas,
liksmik tawęsp schaŭkiencziusius
mus, ŭadzia tawa gieidenczius.
Vesk mus kieliu teisoiu,
tau ant garbes apskirtoiu.

Ateik tawa karaliste,
gielbek mus tawa deiwiste,
priwersk werasp Turkus piktus
ir tawa kriksczianiu katus,
kure tik sawa ischmintici,
sawa silams ir schwentibei.

51 Palinksmink mus, tewe musu,
platink karaliste duschiu;
dok mums sau teisei tarnauti
ir tawe wena garbinti,
dok sukibesu kantruma,
ir werskies ant dijdzia dziauksma.

Bnk tawa walia, weschapte [1]),
szeme ir dągaus karaliste,
noramdijk prischtarauienczius,
prisch tawa wale daranczius,
kure del sawa dachadu
regimai gin sawa bludu.

Dok mums donas wisu dienu,
gieisk mums wisu priwalimu,
dok buti weŭlibu kunu,
predok mums hukia reikalu,
ved mums ŭadeia wis Jezus,
kada mus rika ig sunus.

Priwersk sawesp ŭmanes wisas,
jeib tawe isch schirdes tikras
iŭganitagi paŭijntu,
ir ieib vŭ grekus gailetu,

_____

1) weschpato.

tawe ant wisa miletu,
ir isch schirdes taw tikietu.

Atleid mums musu kaltibes,
kaltin mus musu biauribes;
artimims sawa atleidem,
malanes mes tawa gieidem,
ved mes tawe ing rustinam,
praßudijma vß slußiam.

Pagal didziases teisibes
nekaltink mus iß piktibes,
betaig tewiska malane
vßmirsk iau musu silpnibe,
ba musu pacziu teisibes
neks est be tawa gieribes.

Musu pregtam neprietelius
milek taip, kaipir mus paczius,
kure labai mus neapkient,
ir kure mums ßabągba spend,
dok idant tawe paßintu,
tawip laska apturetu.

Ne wesk mus ig pagündima,
twirtink tu musu silpnima,
jeib mes mus stiprei gintumbim,
pagal ßadzia giwentumbim,
tau teisei mes tarnautumbim,
ir piktibiu nesektumbim.

Szinai nepreteli musu,
velna pikta kuna, duschu;
sukiei gundin tarnus tawa,
buklei wed mus ing biaurima:
dok mums ßine ir druktibe,
tu sukulk welna piktibe.

Gielbek mus nog wisa pikta
duschas musu, taip ir kuna;
piktas dienas mums ateia,
szalais velns mus vßslagina,

visur ir gan neteisibiu,
ant sweta piln ir piktibiu.

Dok tapagaliausia diena,
skirimi duschias ir kuna
teisei vß grekus gaileti
ir Christaus wiera nomirti,
idant smertes nebiatumbim,
liksmai tau dusche dotumbim.

Amen, stiprei mes tau tikim,
vis mes nog tawes apturim,
tu iau pats mus ischklausisi,
szadegima ischpildisi,
ne del musu teisibes,
betaig del tawa gieribes.

54 Litania nau ieij ¹) suguldita ant tas notas, kaipa giestiey
„Tiewe musu dąnguiesis“, „Got vater jn dem himmelreych“.

O diewe, kurss dąngui eßi,
o Jesau ijr schwenta dwase,
o traicze diewa schwęntagij,
venibe diewa amßinagij,
prascham tawe, kaip ßadeiei,
isch klausai tu mus malonei.

Diewe, grekus tu mums atleisk,
pagal darbu mums neatwersk,
isch malanes mums susimilk,
grekus musu wysus rßmirsk,
diel didzia susimilima
saugak dusche, taipir kuna.

Apgink mus kiek wiena cziesa
nog cziarta zdradas, kytresia ²),
at muschk iu ³) strelas deganczias,
mus noßuditi gieideuczias ⁴);
ach diewe neaplcisk musu
duschas ijr kunus wargusu.

---

1) nauieij.   2) kytres ia.   3) tu.   4) gieidenczias.

Apgink tu mus tawa rąka 55
nog piktibiu ijr kiek greka,
nog kariaugīma ijr kawu,
nog brąnguma didzia iawū,
nog vgnis, wandens ijr mara
saugak tu mus, sunus sawa.

Apsaugak nog wacziu ligas,
nog smertis piktas ijr naglas,
ach weschpate mus neapleisk,
diena suda aschtra saugak,
gielbek nog amßinas smertis,
ved essi musu wieschpatijs.

Tawa, Jesau, vâgimimu,
gielbek krauia ischlegimu,
saugak kurius tu atpirkai,
sawa smerti ischwadawai
ir per schwęnta prikielima,
saugak per dąngun ßegima.

Schwęntąie baßnijczie apgink,
preg teisaus ßadzia palaikik,
apsaugak baßniczies tarnūs,
ir krikßianistes wiresnius,
predok ßadziap dwase schwenta,
jeib waiscziu didi daritu.

Dok mūms samdinikus teisus, 56
vera kriksczianiu turinczius,
schwęnta baßniczie palaikijk,
piktas weras, Christau, ardijk,
kleidenczius kieliap priwersk,
ir wiera tikra gims apreischk.

Ramdyk tawa rąnka stipry
stawinczius prisch tawa ßadij,
prisch macze piktuiu ßmaniu
gielbek baßnyczie kriksczianiu,
kureī krißu reik neschbty,
tas kraus tawip brąngus esti.

Liepk cesarians ¹) maiestatui,
pagal tawes ieib reditu,
jeib kriksczianis mus apgintu
ir pakaiui mus laikitu;
nogi nepreteliaus Turka,
diewe, saugak tawa rąka.

Dok miera tarp wisu panu,
tarp karaliu, kunigaißecziu,
liepk ßadi tawa apginti,
kursai ischganims mums esti;
te apgin kunu bei labiu,
kurius tu atpirkai krauiu.

57   Mussu pregtam kunigaikßui,
tawa ßadzia milietaiui,
dok stipri rąka kariauty,
sawa paniste apginti,
nog lygu kuna ia saugok,
dide sweikatu, Jesau, dok.

Mussu atpent dok kunigiei
sweikatu ijr kunigaikstei;
dok waiscziu musu kunigiei,
ta nogi tawęs gieidentei,
ant garbes ijr schlawes tawa
dok tatai tarneitei sawa.

Liepk panams teisei rediti,
muss isch teisibes suditi,
idant ßmanes pawargussyas
pakaiui butu reditas,
idant patam giera schirdij
galetu tawe garbinti.

Matrischkias waiscziu sukingas
saugak, ijr ßindenczius waikus,
paschbak sylpnams bei sergancziams,
ing tawe wena tikiencziams,

_____

1) cesariaus.

duschias iu ijr kunus sweikink,
cziesi smertis ias pastiprink.

Ach diewe, dok tims kantruma,
turintims didi sunkima,
gielbek isch temczias¹) teisus,
vargus nomesk taipir rijschius,
lijnksmink tu pats schitus didei,
kurie tur nomirti biaurei.

Ne prietelius²) mussu miliek,
vijsus grekus tu gims atleisk,
jeib mes wijs gims atleistumbim,
pakaiui su ieis butumbim,
dok greschnims greku gaileti
ir malones tawa melstij.

Nog nepagadu ijr weiu
saugak sąnczius ant wandeniu,
gielbek tę kariauiencziosius,
tus su Turkais kauiencziosius,
palaimink tawa kriksczianius,
kurius atpirkai per krauius.

O diewe, tumus³) ischklausik,
szemes waiscziu sweika laikik,
ginki nog truschas⁴) ischkadu
ir nog wysu nepagadu,
dog⁵) tawęs mums neusßmirsti,
tawy amßinai schlowinti.

Riedik materis ijr sunus,
scheimina bei daiktus wijsus,
ramdijk mums pikta gieidenczius,
mus praßuditi trakschtanczius,
nog ischkadniku mus gielbek,
tawa sargiba mus turiek.

O Jesau, suneli diewa,
o Christau, malane thiewa,

---

1) temnyczias. 2) Neprietelius. 3) tu mus. 4) kruschas. 5) dok.

Jesau, diewa awynelij,
tu grekus mussu pakielij,
o waiscziau diewa schwęntasis
susimilk ant musu, amen.

Psalmas CII [1]).

Benedic anima mea domino; nuhn lob meyn seel den herren.

Liaiupsink [2]) duscha mana pana,
ir wisas isczas ia warda,
60   ba danksin [3]) gieribe sawa:
atmynki an ta [4]) duscha mana.
Ghyssai atleid grckus tawa,
ißgida liekliga [5]) tawa,
est apgintas stiprus, duschias
61   naugin malane sawa, at-
naugin iaunibo tawa, kaip
iaunibe erelia, karalista gijn
stiprei mus kientenczius pakarnei.

62   Apreiskie mums kielius sawa,
taip liudij wisaki żeme,
milaschirdigai daridams,
visur gailesi radidams,
visus grekus musu mirßdams,
nepagal [6]) darbu sudidams,
rustibe sawa noramda,
malane sawa rāda
gatawu mums padetaiu,
liauientims nog greku;
kaip tamsibe nog schwesibes,
attreme musu piktibes.

Kaip tews pats didei susimilst
ant sawa miloiu sunu,
taipir diews sumumis [7]) dara,
iei tikrai biam ia warda;
paßyst pats musu silpnibes

---

1) nach der Vulgata, bei Luther CIII.   2) liaupsink.   3) dauksin.
4) ant ta.   5) kiek liga.   6) ne pagal.   7) su mumis.

ir βina, iag esme dulkies.
Ligiei kaip padziust βales,
ir lapai krint ant βemes,
ant kuria' kaip wes vβpus,
5 toiau schalin nopus:
taip βmagus tur ischnikti,
ba artima tur smerti.

Tektai wena laska diewa
stipri bus ant amziu amβa;
10 lasko tultinase [1]) ijr dauksin,
kurs est tikrai io baisumij.
Karaliau ant wisu milei,
kurie est in karaliste.
Jus anialai siligy
15 tarnaukiek [2]) teisei wisy,
panui didem garbe
predokiet ir schlawe.
Duscha mana, tu platink
cziesti ir garbe dewui.

20 Psalmas L [3]).
Miserere mei deus secundum magnam; Erbarm dich mein
o here got. Kuręgiest [4]) neschant nomirusigi grabapi.

Arguments arba ischguldims.
Tame psalme paβistam didibe ir sukibe grrku [5]) musu
25 prisch rustibe diewa, kurie atleisti bus iβ didzias milaschir-
digistes diewa, kada gailim vβ ius, liauiemas nogiju [6]), mila-
schirdigistiei diewa tikra wera turedamy.

Susimilk ant musu diewe
isch didzias malanes tawa,
30 dussas musu ta neapgal,
bę tawęs gauti swcikatas;
per dide tawa malane
jau vβmirssk mana silpnibe,

---

1) tulinase.   2) tarnaukiet.   3) nach der Vulgata.   4) kurę giest.
5) greku.   6) nogi ju.

ba ijpoliau asch ig biauribes
nesitwerdams nog piktibes.

Apmazgak mus nog piktibiu,
taiṕ ir nog wisu biauribiu,
szinau sukius grekus mana,
paßeidziaw gieribc tawa;
ta man wisada sukiei gail,
jag prisch tawe asch prastaiau,
bet tikiu ir ne silwartauiu,
jag ßadis tawa est pilns teisibiu.

Szadeiei malane wisims
vß sawa grekus gailintims,
tu essi tiews mums malanus:
dok malane tawa sunums,
ved teisus est ßadis tawa.
Paßist bei saka duscha mana,
jag gimdits esmi narse tawa,
bet stiprei tikiu tawa gieribei.

Asch pregtam pats nepaklidau,
jag teisibe mili sakau,
nari teisei tarnauiencziu
ir narus tawa pyldancziu;
kitaip mes negalim bilati,
tektai iag esme paskandinti,
jei tu pats mus ne apmazgasi
ir malanesp tawa neprieglausi.

Apschliek mus diewe izapu,
ir iau czysts bus kuns bei duscha,
per tawa, pan, apschlekima
greku gausim atleidima;
dok mums werkientims ischgirsti,
jag mus nari sawip tureti,
ant greku musu nepawizdek,
bet wisas piktibes prim [1]) tu notremk.

_____

1) pirm.

Schirdi iau mana atnaugink,
dwase schwenta tu papildik,
mane nog tawęs neatstumk,
bet milei tu sawesp prīgimk,
5 palinsmik ¹) nu duchu schwentu,
ir padiek mums nu tawa ßadziu,
predok dziauksma ir ißganima,
kuria nostaiau per sugreschima.

Mokik manes kieliu tawa, 67
10 jeib liauczias piktibiu mana,
jeib greschnigi prisiwerstu,
tawa walia wis giwentu,
nokielk nog manes narsa tawa,
schis esmi ghadnas praßudima,
15 paradik tu malane sawa,
ir iau ischklausik maldas mana.

Paklanu musu netrakssti,
duschu paiunkai eschkati,
schirdi vß grekus gailinti,
20 tą tu neturi papekti;
ne peikiek tu musu afferas,
meldenczius mus iß stiprias weras,
paradik mums malane sawa,
ved mes esme sutwerims tawa.

25 Garbe testa diewui tewui,
musu tikraro sutwertaiui,
schlawe buk nu ir ia sunui
Jezui, musu atpirktaiui,
liaupse testa schwentai dwasei,
30 musu duschu paliksmiutaiei,
tikra garbe buk wenam dewui
ant wisu amßiu amzinoiu.

Patrem letuwiskai ant notas tos tur giedati, kaip wakiskai 68
giest: „wyr gleuben all an einen got". Bet del zekieliu pate
35 nota netigieiaŋ pagulditi.

_____

1) palinksmik.

Mes tikim ijg wenagi diewa,
sutwertagi wyssa sweta,
jąg ans mussu tewu staia,
mus sau vβ sunus ischrinka,
nar mus kiek cziesa peneti,
duschas, kunus nar saugati,
nog wisa pikta nar apginti,
vargusu ir silwatusu ¹) padest,
ba ape mus tur rupesti,
serkti, iaut, gin ir reda,
kiek daikta sawa maczij walda.

Mes tikim ijng Jesu Christusa,
diewa wenatigi sunu,
kurs amβins est su tewu,
macze, garbe ligus est diewui;
isch Marias, czistas pannas,
gimes esti, βmagus tikras,
ir isch malanes sawa teisei
vβ mus greschnus spraβuwusioius ²)
nomires est ant kriβaus,
ir deiuistes sawa macze
isch nomirusiuiu kiele.

Mes tikim ig dwase schwentąie,
diewa traicze wenatige,
ba silwartigus mus ligksmin,
malanes gis sawa mums neschikst,
visa werna krikscxianiste
tur stiprei sawa sargiba,
czia greku mums dost atleidima,
isch amβinas mukas iβgana,
ir pa karczias musu smertes
amβinai dągui busim,
ir tę su iu mes karaliausim.
Amen.

69
70
71

---

1) silwartusu.   2) praβuwusiosius.

Giesme ape berneli Jesu,   72
kurę giest dienasu Christaus vßgimima pagal suguldima senaia,
ant notas „dics est letitie", „der tag der ist so freüden
reich".

5   Bernelis gimc mumus ischgi
        pannas czistas,
        kaip rasźe ir lelija, stebisi
        wisas swetas.
        Bernelis esti‾
10   diwnas, esti tikras dicwas,
        esti źmagaus ¹) pilnas, deiwi-   73
        steie amßinas, szmagisteie
        zmertelnas, panas Jesus Christus.

        Graßus esti bernelis, ßedi kaip lelia, ne-
15   schaiagi²) ant rąnku mergaite Maria, ßin-
        de gi panna czista, peneia karaliczia iß-
        gi dąngus pena; roßa esti Jesus Chri-
        stus, lelia esti Maria, abu ßiedu dąngui.

        Angelai pemenimus pasakie linksmibe,   74
20   kaip panas Jesus Christus dos mumus
        druktibe. Ateidamij angelai giedaia
        liksma giesme ant maßa bernelia, edza-
        su pagulditą, mumus nog dąngus do-
        ta isch malanes diewa.

25   Atminki pane Jesau, kaip essi gimditas
        nogi pannas Marias ant wissu liuk-
        smibiu, sunau diewa wernasis, schemu
        swetui dotasis ant ischwadawima,
        saldziauses pane Jesau, miliauses pane
30   dewe susimilk ant musu.

        Melskieg didis ir maßas pana Jesu Chri-
        stu, idant mus apteisintu per sawa tei-
        sibe. Malanus esti Jesus, esti malanes
        pilnas ant ßmaniu greschnuiu, kure
35   gieid ja malanes ißgi wisas schirdies.

1) źmagus. 2) = nesziojo jį.

3

Garbe buk dewui tewui ir ia sunui Jesui, buki cziestis ir garbe dewui amßi-
namui, kaipa buwa isch pradzias, taipa
buk ijr wisada ant amßu didzuiu. Liaupse dewui dąnguię ¹), mariasu ijr ßemesu   5
panui Jesui Christui.

75   Giesme ape swetasti alba sacramenta altariaus,
tatai esti ape kuna ir kragij musu pana Jesaus Christaus.
„Jesus Christus vnser heyland".

Jesus Christus ischgielbetas musu,   10
kursai no malde diewa tewa narsu,
per sawa kartu kientegima
76   nog amszinas mukas mus ischgielbeia.

Jdant ta mes wijssi nemirsatumbim,
dawe mums kuna idant walgitumbim,   15
apslepta ipatine donas,
taip ir gierti wine krauias ia schwentas.

Kurs nar teisei tap stalap prieitij,
tas pats sawe gierai tur ischmegintij,
kurss nedastainai stalap prisźęks,   20
tas vß malane smerti amsźinš gaus.

Tu ßmagau turi garbinti diewa,
jag tawe taip gierai gis papeneia,
ir iag del tawa greku didziu
ant smertes biauras dawe sawa sunu.   25

Tu stiprei sźmagau turi tikieti,
jag tasai penuksslas liganiu esti,
kuriu schirdis grekais apswertas
ir silwartu sukiu esti apslektas.

Taip didzias malanes sumilima   80
eschka schirdis, grckais didei vßslekta,
ne eik stalap, iei ne essi greschnas,
idant negautumbi piktases algas.

1) dąnguie.

Jesus bila: „greschnij eikiet manęsp, 77
prileiskiet susimilti mane sawęsp,
liekariaus sweikims ne est reika,
ba ia maksla sweikiegi tur vß ioka.

Jei galeiei sawy ischganity,
kam bereiktu man vß tawe nomirty?
Tas stals tawe netur gielbeti,
jei tu pats sau gali sweikata doti".

Jei tikiesi tu isch schirdes wisas,
ir taip tikrai skielpsi sawa nasrais,
tada iau gierai priesitaisei
ir tu penukslu dusche papeneiei.

Vaisczaus ßmagau neturi apleisti,
kaltas tu eßi artima mileti,
jeib tawa gautu padegima,
kaip tu pats gawai nog dewa tewa.

Christe, qui lux es et dies.

Christau, dena essi ir schwesibe,
nactes nodęngij tamsibe, 78
schwesibes schwesums tu essi,
schwesibe schwenta apreischki.

Prascham, schwentasis musu weschpatis,
saugak mus schita naktie,
testa mums tawyp athilsis,
predok pakaiu schas nakties.

Jdant sunkus sapnas neußgrutu,
jeib welns mus nesuguutu,
ir kuns iem ieib ne prijlieptu,
kaltus mus nepadaritu.

Akims musu dok mega pregimti, 79
schirdij dok tawesp iautety,
deschine tawa mus te apgin,
tarnus tus, kurie tawe mijl.

Apgintaiau, ant musu pawizdiek,

ne preteliu ¹) musu attrcmk,
redik iau mus, tawa tarnus,
kurius at pirkai per krauius.

Atminkiek iau ant musu, pane,
sylpname musu kune;   5
tu duschas musu apsaugak,
Jesau nog musu neatstak.

Tawesp schaukiem nasrais, taip ir schirdij,
jeih mus tu neuplestumbi,
steikies musump ijr netruk,   10
pagalka ²) mums tu pats priedok.

Garbe buk amßinam dewui tewui,
ja sunui Jesui Christui, ⸗
irsu ³) dwase, sargu duschiu
ant amßinoiu amßiu. Amen.   15

Ischbruktas ⁴) Karaliauczui per Jana Weinreicha metusu
ijr dienagi, kaip ant pradzias knigieliu ijra.

---

1) nepretelin.   2) pagalba.   3) ir su.   4) ischdruktas.

Druck der Univ.-Buchdruckerei von E. A. Huth in Göttingen.